Karl Reinbeck

Über diejenigen Flächen, auf welche die Flächen zweiten Grades

durch parallele Normalen konform abgebildet werden

Karl Reinbeck

Über diejenigen Flächen, auf welche die Flächen zweiten Grades
durch parallele Normalen konform abgebildet werden

ISBN/EAN: 9783744610674

Hergestellt in Europa, USA, Kanada, Australien, Japan

Cover: Foto ©ninafisch / pixelio.de

Weitere Bücher finden Sie auf **www.hansebooks.com**

Ueber diejenigen Flächen,

auf welche die Flächen zweiten Grades

durch parallele Normalen conform abgebildet
werden.

Inaugural-Dissertation

zur

Erlangung der philosophischen Doktorwürde

an der

Georg-Augusts-Universität

zu Göttingen

von

Karl Reinbeck

aus Goslar.

Göttingen 1886.

Druck der Dieterichschen Univ.-Buchdruckerei.

W. Fr. Kaestner.

Da nicht alle Flächen durch die beiden Schaaren ihrer Krümmungslinien in unendlich kleine Quadrate getheilt werden können, so hat das Problem der Bestimmung von Flächen, welche diese Eigenschaft besitzen, schon mehrfach das Interesse der Mathematiker erweckt. Nähere hierauf sich beziehende Literaturangaben finden sich in der Dissertation des Herrn Dr. W i l l g r o d : „Ueber Flächen, welche sich durch ihre Krümmungslinien in unendlich kleine Quadrate teilen lassen" (Göttingen 1883).

Nach einer von Herrn W e i n g a r t e n ausgeführten Untersuchung[1]): „Ueber die Differentialgleichung der Oberflächen, welche durch ihre Krümmungslinien in unendlich kleine Quadrate geteilt werden können" hängt die allgemeine Bestimmung dieser Flächenfamilie ab von der Integration einer partiellen Differentialgleichung vierter Ordnung, welche linear ist in Bezug auf die partiellen Differentialquotienten vierter Ordnung.

Es stellt sich nämlich heraus, dass für jede Fläche der besprochenen Art ein Differentialausdruck von der Form:

$$\mathfrak{Q} = \left\{ \frac{\partial (r + r')}{\partial x} \cdot dX + \frac{\partial (r + r')}{\partial y} \cdot dY + \frac{\partial (r + r')}{\partial z} \cdot dZ \right.$$
$$\left. - d(r \cdot r') \right\} (r - r')^{-2}$$

in das exacte Differential einer Function des Orts auf der betreffenden Fläche übergeht, und umgekehrt.

------

1) Sitzungsberichte der Berliner Akademie; Novemberheft 1883.

1 *

Dabei bedeuten r und r' die Hauptkrümmungsradien, X, Y, Z die Richtungscosinus der Normale in einem Punkte jener Fläche. Mit Hilfe bekannter Relationen gelangt man zu einer anderen Form für Ω:

$$\Omega = \tfrac{1}{2}\left\{ d\log(r-r')^2 + \frac{\partial \log G}{\partial u} \cdot du + \frac{\partial \log E}{\partial v}\, dv \right\}$$

in welcher u, v die Parameter der Krümmungslinien bezeichnen.

In dem speciellen Falle eines von den Krümmungslinien gebildeten isometrischen Curvensystems kann man durch Einführung passender Parameter erreichen, dass die Gauss'schen Grössen E und G einander gleich werden:

$$E = G = f(u, v) = \lambda$$

Der obige Ausdruck für Ω verwandelt sich nach Ausführung dieser Transformation in:

$$\Omega = \tfrac{1}{2} d\log[\lambda(r-r')^2]$$

d. h. in das vollständige Differential einer Function der Variabeln u, v.

Soll umgekehrt Ω das vollständige Differential einer Function der Variabeln u, v darstellen, so muss:

$$\frac{\partial^2 \log\left(\frac{E}{G}\right)}{\partial u\, \partial v} = 0$$

sein d. h. das Quadrat des Linienelements der betrachteten Fläche lässt sich auf die Form bringen:

$$dx^2 + dy^2 + dz^2 = \lambda(du^2 + dv^2).$$

Ausserdem zeigt Herr Weingarten, dass sich die Krümmungslinien aller dieser Flächen durch blosse Quadraturen bestimmen lassen.

Die erwähnte partielle Differentialgleichung vierter

Ordnung kann man leicht aus dem angegebenen Krite-
rium herleiten.

Ist z. B. die Gleichung eine Fläche in der Form:

$$\Phi(x, y, z) = \text{const.}$$

gegeben, so hat man:

$$\Omega = U.dx + V.dy + W.dz$$

und zwar sind hier die Functionen U, V, W aus den
partiellen Differentialquotienten von Φ bis zur dritten
Ordnung incl. zusammengesetzt.

Die Bedingung dafür, dass Ω mit Rücksicht auf die
Gleichung:

$$\frac{\partial\Phi}{\partial x}dx + \frac{\partial\Phi}{\partial y}dy + \frac{\partial\Phi}{\partial z}dz = 0$$

in ein exactes Differential übergeht, ist nun:

$$\frac{\partial\Phi}{\partial x}\left(\frac{\partial V}{\partial z} - \frac{\partial W}{\partial y}\right) + \frac{\partial\Phi}{\partial y}\left(\frac{\partial W}{\partial x} - \frac{\partial U}{\partial z}\right) +$$
$$+ \frac{\partial\Phi}{\partial z}\left(\frac{\partial U}{\partial y} - \frac{\partial V}{\partial x}\right) = 0.$$

Auch bei der Gauss'schen Darstellungsweise einer
krummen Fläche überzeugt man sich ohne weiteres, dass
die allgemeine Lösung des Problems auf die Integration
einer solchen partiellen Differentialgleichung vierter Ordnung hinausläuft.

So lange nun diese partielle Differentialgleichung
nicht allgemein integriert ist, wird es nicht ohne Interesse sein, wenn es gelingt, particuläre Integrale derselben, welche gewissen Nebenbedingungen genügen, auf-
zufinden.

In der Abhandlung des Herrn Christoffel: „Ueber einige allgemeine Eigenschaften der Minimumsflächen"
(Crelle-Borchardt's Journal Band 67) wird die Frage
erledigt, welche Flächen T die Eigenschaft besitzen, dass
sich ihnen vermöge der durch parallele Normalen ver-

mittelten punktweisen Beziehung neue Flächen T'' zuord-
nen lassen, welche conforme Abbildungen der ersteren
sind. Die nothwendige und hinreichende Bedingung hier-
für lautet: Es müssen die beiden Schaaren der Krümmungslinien der Flächen T ein isometrisches Curvensy-
stem bilden.

Die Flächen zweiten Grades genügen bekanntlich
dieser Bedingung und man kann sich daher die Aufgabe
stellen, diejenigen Flächen zu finden, welche denselben
in Folge punktweiser Zuordnung durch parallele Normalen in den kleinsten Teilen ähnlich sind, denen also auch
die Eigenschaft zukommt, durch die beiden Systeme ihrer Krümmungslinien in unendlich kleine Quadrate geteilt werden zu können.

Es ist dem Verfasser nicht bekannt, dass diese specielle Aufgabe auf ihre Lösbarkeit mit den Mitteln der
Analysis schon geprüft worden wäre.

Die vorliegende Arbeit, welche sich mit dieser Aufgabe beschäftigt, zerfällt in drei Abschnitte. Der erste
behandelt allgemeine Eigenschaften, welche allen Flächen
zukommen, die sich durch parallele Normalen conform
auf einander abbilden lassen — mit Ausschluss des tri-
vialen Falles der Aehnlichkeit im Grossen und Ganzen.
Es sind die von Herrn Christoffel a. a. O. bewiesenen Sätze, für welche hier einfachere und kürzere Be-
weise gegeben werden [1]), und die Folgerungen, welche
sich ganz allgemein für die neuen Flächen T' aus jenen
Betrachtungen ergeben.

Im zweiten Abschnitt werden die Flächen zweiten
Grades [2]) zu Grunde gelegt; mit alleiniger Anwendung der
elementaren transcendenten Functionen werden analyti-
sche Ausdrücke für die rechtwinkligen Coordinaten eines

---

1) Der Verfasser verdankt dieselben einer Vorlesung des Herrn
Professor Dr. H. A. Schwarz.

2) d. h. das Ellipsoid, die beiden Hyperboloide und die beiden Paraboloide.

Punktes der entsprechenden Flächen aufgestellt und die betreffenden conformen Abbildungen untersucht.

Die Betrachtungen des dritten Abschnitts beschränken sich auf das Ellipsoid und die ihm entsprechende Fläche.

Ausserdem schien es dem Verfasser wünschenswert, ein Modell der letzteren Fläche in Gyps auszuführen und zwar in der Weise, dass auf diesem Modell eine Anzahl solcher Krümmungslinien sichtbar gemacht würden, dass den von ihnen gebildeten krummlinigen Vierecken bei der conformen Abbildung auf eine Ebene genau Quadrate entsprechen. Diesem Gedanken folgend, hat der Verfasser unter Annahme eines bestimmten Verhältnisses (3:4) der Seiten des Rechtecks, auf welches ein Ellipsoidoktant conform abgebildet wird, die Länge dieser Rechtecksseiten und der Achsen des betreffenden Ellipsoids, sowie die elliptischen Coordinaten der auf dem Modell zur Anschauung zu bringenden Krümmungslinien berechnet [1]). Dieses Problem wird gelöst mit Hülfe der Theorie der elliptischen Functionen. Der Verfasser bedient sich dabei der „Formeln und Lehrsätze zum Gebrauche der elliptischen Functionen. Nach Vorlesungen und Aufzeichnungen des Herrn K. Weierstrass bearbeitet und herausgegeben von H. A. Schwarz".

Endlich enthält dieser Abschnitt die zur Herstellung eines Modells des Ellipsoids und der ihm entsprechenden Fläche erforderlichen numerischen Angaben, welche auf Grund der berechneten Parameterwerte gefunden wurden.

---

1) Kurze Zeit später hat Herr Neovius dieselbe Aufgabe unter Zugrundelegung eines anderen Verhältnisses der genannten Rechtecksseiten (5:6) behandelt. Die Resultate, zu denen Herr N. gelangte, sind inzwischen bereits veröffentlicht worden in einer Abhandlung, deren Titel lautet: Anwendung der Theorie der elliptischen Functionen auf eine die Krümmungslinien eines Ellipsoids betreffende Aufgabe. Von E. R. Neovius. Helsingfors 1885.

Erster Abschnitt.

§. 1.

Das gegenseitige Entsprechen der Krümmungslinien beider Flächen.

Es mögen x, y, z bezw. x', y', z' die rechtw. Coord. eines Punktes je einer krummen Fläche bezeichnen. Aus den beiden Bedingungen, dass diese Flächen, durch parallele Normalen punktweise auf einander bezogen werden und zugleich in den kleinsten Teilen einander ähnlich sein sollen, folgt zunächst die Richtigkeit des Satzes: Den Krümmungslinien der einen Fläche entsprechen jedes Mal die Krümmungslinien der anderen Fläche.

Bezieht man nämlich in der bekannten Weise beide Flächen auf eine Kugel vom Radius 1 und denkt sich die Umgebung eines Punktes des in Betracht kommenden Gebietes der Einheitskugel durch einen kleinen Kreis abgegrenzt, so wird diesem Kreise auf der ersten Fläche (x, y, z) allgemein zu reden eine Ellipse entsprechen deren Halbachsen die Grösse $R_1 . z$ bezw. $R_2 . z$ haben, wenn man unter R_1 und R_2 die betreffenden Hauptkrümmungsradien der Fläche, unter z der sphärischen Radius jenes kleinen Kreises auf der Kugeloberfläche versteht. Ebenso wird dem letzteren auf der zweiten Fläche (x', y', z') im allgemeinen eine Ellipse mit den Halbachsen $R_1' . z$ und $R_2' . z$ zugeordnet. Damit nun Aehnlichkeit in den kleinsten Teilen besteht, ist erforderlich, dass die Richtung des Maximums der Vergrösserung beim Uebergange von der Einheitskugel zur Fläche (x, y, z) der Richtung des Maximums der Vergrösserung beim Uebergange zu der Fläche (x', y', z') entspricht, dass also die Achsen der einen Ellipse genau so orientiert sind, wie die der anderen. Mithin bedingt das Fortschreiten längs einer Krümmungslinie der einen Fläche ein solches auf einer Krümmungslinie der anderen Fläche.

§. 2.

Beweis des Christoffel'schen Satzes.

Im Folgenden soll ein kürzerer Beweis für den in der Einleitung erwähnten von Herrn Christoffel gefundenen Satz geliefert werden, dass nur bei solchen Flächen eine conforme Abbildung auf einander durch parallele Normalen überhaupt möglich ist, welche selbst conform auf eine Ebene in der Weise übertragen werden können, dass den beiden Schaaren von Krümmungslinien zwei Schaaren paralleler Geraden der Ebene entsprechen.

Den geeignetsten Ausgangspunkt für diese Betrachtung bieten die Rodrigues'schen Formeln für die rechtwinkligen Coordinaten eines Punktes einer beliebigen Fläche:

$$(1) \quad \begin{cases} dx = R_1 \dfrac{\partial X}{\partial u} \cdot du + R_2 \dfrac{\partial X}{\partial v} \cdot dv \\[2mm] dy = R_1 \dfrac{\partial Y}{\partial u} \cdot du + R_2 \dfrac{\partial Y}{\partial v} \cdot dv \\[2mm] dz = R_1 \dfrac{\partial Z}{\partial u} \cdot du + R_2 \dfrac{\partial Z}{\partial v} \cdot dv \end{cases}$$

in denen bekanntlich u, v die Parameter der Krümmungslinien, X, Y, Z die Richtungscosinus der Normale in einem nicht singulären Punkte der Fläche bedeuten.

Aus ihnen folgen mit Rücksicht auf §. 1. die Differentiale der Coordinaten x', y', z' eines Punktes der ihr durch parallele Normalen zugeordneten Fläche:

$$(2) \quad \begin{cases} dx' = R_1' \dfrac{\partial X}{\partial u} \cdot du + R_2' \dfrac{\partial X}{\partial v} \cdot dv \\[2mm] dy' = R_1' \dfrac{\partial Y}{\partial u} \cdot du + R_2' \dfrac{\partial Y}{\partial v} \cdot dv \\[2mm] dz' = R_1' \dfrac{\partial Z}{\partial u} \cdot du + R_2' \dfrac{\partial Z}{\partial v} \cdot dv \end{cases}$$

Da hier die Abbildung der beiden Flächen (x, y, z)

und (x', y', z') auf einander eine conforme sein soll, so muss die Gleichung:

$$(3) \qquad dx'^2 + dy'^2 + dz'^2 = \lambda^2 (dx^2 + dy^2 + dz^2)$$

erfüllt werden, wo λ eine Function nur des Orts auf der Fläche bezeichnet.

Nach (1) und (2) ist nun:

$$dx^2 + dy^2 + dz^2 = R_1^2 . E . du^2 + R_2^2 . G . dv^2$$

und

$$dx'^2 + dy'^2 + dz'^2 = R_1'^2 . E . du^2 + R_2'^2 . G . dv^2.$$

Die Functionen E und G sind die bekannten, hier auf die Einheitskugel zu beziehenden Gauss'schen Grössen.

Die Substitution der vorigen Ausdrücke in der Formel (3) liefert die beiden Möglichkeiten:

$$\text{I.} \quad R_1' = \lambda R_1; \qquad R_2' = \lambda R_2$$
$$\text{II.} \quad R_1' = \lambda R_1; \qquad R_2' = \lambda R_2.$$

Im Falle (I.) ergiebt sich:

$$dx' = \lambda . dx, \quad dy' = \lambda . dy, \quad dz' = \lambda . dz.$$

Bei näherer Betrachtung findet man aber, dass diese Gleichungen nicht auf neue Flächen führen können, dass vielmehr eine Aehnlichkeit im Grossen und Ganzen mit den ursprünglichen stattfinden würde.

Aus der Relation:

$$dx' = \lambda . dx$$

folgt nämlich, dass x' constant ist, so lange x constant bleibt; deshalb ist auch λ, der nach x genommene Differentialquotient der Function x', eine Function von x allein. In derselben Weise geht aus den beiden übrigen Differentialausdrücken hervor, dass λ nur von y resp. nur von z abhängen kann. Folglich ist λ nichts anderes als eine Constante.

Unter dieser Voraussetzung erhält man:

$$x' = \lambda (x - x_0), \quad y' = \lambda (y - y_0), \quad z' = \lambda (z - z_0)$$

als die rechtwinkligen Coordinaten eines Punktes der entsprechenden Fläche. Dieselbe ist der ursprünglichen (x, y, z) offenbar im Grossen und Ganzen ähnlich. — Von diesem Falle wird bei der weiteren Betrachtung ganz abgesehen.

Die Annahme (II.) hingegen liefert ein Mittel, um zu neuen Resultaten zu gelangen. Alsdann gehen nämlich die obigen Differentiale (2) über in:

$$dx' = \lambda R_1 \cdot \frac{\partial X}{\partial u} \cdot du - \lambda R_2 \cdot \frac{\partial X}{\partial v} \cdot dv$$

$$dy' = \lambda R_1 \cdot \frac{\partial Y}{\partial u} \cdot du - \lambda R_2 \cdot \frac{\partial Y}{\partial v} \cdot dv$$

$$dz' = \lambda R_1 \cdot \frac{\partial Z}{\partial u} \cdot du - \lambda R_2 \cdot \frac{\partial Z}{\partial v} \cdot dv$$

Die Function λ kann dabei immer als positiv angesehen werden.

Alle diese Differentiale müssen nun exacte Differentiale sein, sie müssen sämmtlich der Integrabilitätsbedingung genügen:

$$\frac{\partial}{\partial v}\left(\lambda R_1 \cdot \frac{\partial X}{\partial u}\right) + \frac{\partial}{\partial u}\left(\lambda R_2 \cdot \frac{\partial X}{\partial v}\right) = 0$$

$$\frac{\partial}{\partial v}\left(\lambda R_1 \cdot \frac{\partial Y}{\partial u}\right) + \frac{\partial}{\partial u}\left(\lambda R_2 \cdot \frac{\partial Y}{\partial v}\right) = 0$$

$$\frac{\partial}{\partial v}\left(\lambda R_1 \cdot \frac{\partial Z}{\partial u}\right) + \frac{\partial}{\partial u}\left(\lambda R_2 \cdot \frac{\partial Z}{\partial v}\right) = 0$$

Diese Gleichungen nehmen durch wirkliche Ausrechnung und nach passender Reduction die Form an:

$$2\lambda \frac{\partial}{\partial v}\left(R_1 \cdot \frac{\partial X}{\partial u}\right) + R_1 \cdot \frac{\partial X}{\partial u} \cdot \frac{\partial \lambda}{\partial v} + R_2 \cdot \frac{\partial X}{\partial v} \cdot \frac{\partial \lambda}{\partial u} = 0$$

$$2\lambda \frac{\partial}{\partial v}\left(R_1 \cdot \frac{\partial Y}{\partial u}\right) + R_1 \cdot \frac{\partial Y}{\partial u} \cdot \frac{\partial \lambda}{\partial v} + R_2 \cdot \frac{\partial Y}{\partial v} \cdot \frac{\partial \lambda}{\partial u} = 0$$

$$2\lambda \frac{\partial}{\partial v}\left(R_1 \cdot \frac{\partial Z}{\partial u}\right) + R_1 \cdot \frac{\partial Z}{\partial u} \cdot \frac{\partial \lambda}{\partial v} + R_2 \cdot \frac{\partial Z}{\partial v} \cdot \frac{\partial \lambda}{\partial u} = 0.$$

Werden dieselben resp. mit $\dfrac{\partial X}{\partial u}$, $\dfrac{\partial Y}{\partial u}$, $\dfrac{\partial Z}{\partial u}$ multipliciert und addiert, so erhält man bei leicht verständlicher Bezeichnungsweise:

$$2\lambda \sum \frac{\partial X}{\partial u}\cdot\frac{\partial}{\partial v}\left(R_1\cdot\frac{\partial X}{\partial u}\right) + R_1\cdot E\cdot\frac{\partial\lambda}{\partial v} = 0$$

oder

$$\sum 2\lambda\cdot R_1\cdot\frac{\partial X}{\partial u}\cdot\frac{\partial}{\partial v}\left(R_1\cdot\frac{\partial X}{\partial u}\right) + R_1^2\cdot E\cdot\frac{\partial\lambda}{\partial v} = 0.$$

oder auch:

$$\sum\lambda\cdot\frac{\partial}{\partial v}\left[R_1^2\cdot\left(\frac{\partial X}{\partial u}\right)^2\right] + R_1^2\cdot E\cdot\frac{\partial\lambda}{\partial v} = 0$$

oder endlich:

$$\frac{\partial}{\partial v}(\lambda R_1^2\cdot E) = 0.$$

Durch Multiplication obiger Gleichungen[1]) mit resp. $\dfrac{\partial X}{\partial v}$, $\dfrac{\partial Y}{\partial v}$, $\dfrac{\partial Z}{\partial v}$ und nachherige Addition derselben würde man völlig analog finden:

$$\frac{\partial}{\partial u}(\lambda\cdot R_2^2\cdot G) = 0.$$

Daher kann man setzen;

$$\lambda R_1^2\cdot E = \varphi^2(u), \quad \lambda R_2^2\cdot G = \psi^2(v)$$

so dass sich jetzt das Quadrat des Linienelements der Fläche in der Form schreiben lässt:

$$dx^2 + dy^2 + dz^2 = \frac{\varphi^2(u)\,du^2 + \psi^2(v)\,dv^2}{\lambda}.$$

Durch Einführung der Functionen:

$$u' = \int\varphi(u)\,.du, \quad v' = \int\psi(v)\,.dv$$

vereinfacht sich dasselbe auf:

$$dx^2 + dy^2 + dz^2 = \frac{du^2 + dv^2}{\lambda}$$

wobei nur die Striche fortgelassen wurden.

---

[1]) in welchen man R_1 mit R_2 und u mit v vertauschen kann.

Diese Formel bedeutet nichts anderes als die Möglichkeit einer conformen Uebertragung der Fläche auf eine Ebene, in welcher u, v die rechtwinkligen Coordinaten eines beliebigen Punktes sind.

Stellt man es als eine für das vorliegende Problem nothwendige Bedingung hin, dass die Krümmungslinien die betrachtete Fläche in unendlich kleine Quadrate teilen müssen, so ist dies nur eine andere Fassung des nunmehr bewiesenen Christoffel'schen Satzes.

Für die entsprechende Fläche (x', y', z') besteht die Gleichung:

$$dx'^2 + dy'^2 + dz'^2 = \lambda(du^2 + dv^2).$$

Die Function λ genügt den speciellen Relationen:

$$\lambda . R_1^2 . E = 1; \quad \lambda . R_2^2 . G = 1$$

$$\frac{1}{\lambda} \cdot \frac{\partial \lambda}{\partial u} = -\frac{R_1}{R_2} \cdot \frac{\dfrac{\partial G}{\partial u}}{G}; \quad \frac{1}{\lambda} \cdot \frac{\partial \lambda}{\partial v} = -\frac{R_2}{R_1} \cdot \frac{\dfrac{\partial E}{\partial v}}{E}.$$

§. 3.
Umkehrung des vorigen Satzes.

Die Umkehrung des vorigen Satzes lautet:

Wenn eine Fläche sich durch ihre Krümmungslinien in unendlich kleine Quadrate teilen lässt, so ist es stets möglich, ihr eine andere Fläche mit derselben Eigenschaft derartig zuzuordnen, dass beide durch die Vermittelung paralleler Normalen in entsprechenden Punkten conform auf einander abgebildet werden.

Damit es möglich sei, die durch die Rodrigues'schen Gleichungen:

$$dx = R_1 \cdot \frac{\partial X}{\partial u} \cdot du + R_2 \cdot \frac{\partial X}{\partial v} \cdot dv$$

$$dy = R_1 \cdot \frac{\partial Y}{\partial u} \cdot du + R_2 \cdot \frac{\partial Y}{\partial v} \cdot dv$$

$$dz = R_1 \cdot \frac{\partial Z}{\partial u} \cdot du + R_2 \cdot \frac{\partial Z}{\partial v} \cdot dv$$

gegebene Fläche conform auf eine Ebene in der Weise abzubilden, dass den beiden Schaaren ihrer Krümmungslinien zwei Systeme paralleler Geraden entsprechen, muss sich eine Function des Orts auf der Fläche λ bestimmen lassen, welche den beiden partiellen Differentialgleichungen:

$$\frac{\partial (\lambda R_1^2 . E)}{\partial v} = 0, \qquad \frac{\partial (\lambda R_2^2 . G)}{\partial u} = 0$$

genügt.

Denn alsdann kann man das Quadrat des Linienelements derselben in der Form darstellen:

$$dx^2 + dy^2 + dz^2 = \frac{du^2 + dv^2}{\lambda}.$$

Unter dieser Voraussetzung wird nun behauptet, dass allemal eine durch die Differentialgleichungen:

$$dx' = \lambda R_1 \frac{\partial X}{\partial u} \cdot du - \lambda R_2 \cdot \frac{\partial X}{\partial v} \cdot dv$$

$$dy' = \lambda R_1 \frac{\partial Y}{\partial u} \cdot du - \lambda R_2 \cdot \frac{\partial Y}{\partial v} \cdot dv$$

$$dz' = \lambda R_1 \frac{\partial Z}{\partial u} \cdot du - \lambda R_2 \cdot \frac{\partial Z}{\partial v} \cdot dv$$

bestimmte Fläche existirt, welche in Folge punktweiser Zuordnung durch parallele Normalen der vorigen in den kleinsten Teilen ähnlich ist. Es handelt sich daher um den Nachweis, dass jene zweigliedrigen Differentialausdrücke den Integrabilitätsbedingungen wirklich Genüge leisten. Setzt man also:

so müssen

$$L = M = N = 0 \quad \text{sein.}$$

Dass dies in der That der Fall ist, geht sogleich aus den drei in Bezug auf L, M, N linearen Gleichungen hervor, die man aus dem vorigen System durch Multiplication mit resp.:

$$\frac{\partial X}{\partial u}, \quad \frac{\partial Y}{\partial u}, \quad \frac{\partial Z}{\partial u}$$

$$\frac{\partial X}{\partial v}, \quad \frac{\partial Y}{\partial v}, \quad \frac{\partial Z}{\partial v}$$

$$L, \quad M, \quad N$$

erhält, nämlich:

(1) $\dfrac{\partial X}{\partial u} \cdot L + \dfrac{\partial Y}{\partial u} \cdot M + \dfrac{\partial Z}{\partial u} \cdot N = \dfrac{1}{R_1} \cdot \dfrac{\partial}{\partial v}(\lambda R_1^2 . E) = 0$

(2) $\dfrac{\partial X}{\partial v} \cdot L + \dfrac{\partial Y}{\partial v} \cdot M + \dfrac{\partial Z}{\partial v} \cdot N = \dfrac{1}{R_2} \cdot \dfrac{\partial}{\partial u}(\lambda R_2^2 . G) = 0$

(3) $X . L + Y . M + Z . N = 0.$

Hier kann die Determinante:

$$\begin{vmatrix} \frac{\partial X}{\partial n}, & \frac{\partial Y}{\partial u}, & \frac{\partial Z}{\partial u} \\ \frac{\partial X}{\partial v}, & \frac{\partial Y}{\partial v}, & \frac{\partial Z}{\partial v} \\ X, & Y, & Z \end{vmatrix}$$

nur in einem singulären Punkte der Fläche verschwinden, die drei Gleichungen können also unter Voraussetzung nicht-singulärer Punkte nur dann neben einander bestehen, wenn die Ausdrücke L, M, N einzeln gleich Null sind.

§. 4.
Allgemeine Folgerungen.

Aus den bisherigen allgemeinen Betrachtungen lassen sich von vornherein gewisse auf die neuen Flächen bezügliche Schlüsse ziehen, welche hier angegeben werden sollen, ehe specielle Flächen zu Grunde gelegt werden.

1. Es ist von vorn herein zu erwarten, dass bei den neuen Flächen Symmetrieverhältnisse auftreten müssen, die denjenigen der ursprünglichen Flächen analog sind.

2. Die Function λ, welche in §. 2. durch die Gleichung:

$$dx^2 + dy^2 + dz^2 = \frac{du^2 + dv^2}{\lambda}$$

oder

$$dx'^2 + dy'^2 + dz'^2 = \lambda(du^2 + dv^2)$$

als das directe bezw. inverse Vergrösserungsverhältnis bei der conformen Abbildung der Flächen auf die Ebene (u, v) definiert wurde, lässt sich in jedem einzelnen Falle bestimmen, sobald es gelungen ist, die rechtwinkligen Coordinaten eines Punktes der betrachteten Fläche als Functionen der Parameter ihrer Krümmungslinien auszudrücken.

Dieser Ausdruck für λ gestattet dann ein Urteil über die Singularitäten, welche bei der conformen Abbildung auftreten; denn die letztere hört in allen Punkten der Fläche auf, für welche λ verschwindet oder unendlich gross wird.

Die Formeln für das Quadrat des Linienelements der beiden Flächen zeigen ferner, dass das Linienelement der Ebene (u, v):

$$\sqrt{du^2 + dv^2}$$

beim Uebergang zu dem entsprechenden Linienelement der Fläche (x', y', z') vergrössert wird, wenn die Uebertragung desselben auf die Fläche (x, y, z) bei verkleinertem Massstabe stattfindet, und umgekehrt.

3. Die Fundamentalgleichungen des Problems:

$$R'_1 = \lambda R_1; \qquad R'_2 = -\lambda R_2$$

bestätigen die Richtigkeit der folgenden Behauptung: Das

Krümmungsmass der entsprechenden Fläche $-\dfrac{1}{R_1' \cdot R_2'}$ ist positiv, wenn das Krümmungsmass der ursprünglichen Fläche einen negativen Wert hat, und umgekehrt.

4. Endlich gewähren jene Fundamentalgleichungen die Möglichkeit, von vornherein die Hauptkrümmungsradien R_1', R_2' der gesuchten Fläche als Functionen der Parameter ihrer Krümmungslinien darzustellen.

Zweiter Abschnitt.

§. 5.

Anwendung der Folgerungen des §. 4 auf die Flächen zweiten Grades.

Die im letzten Paragraphen zusammengestellten allgemeinen Ergebnisse sollen nun unter der speciellen Voraussetzung angewendet werden, dass die Flächen zweiten Grades den Ausgangspunkt der Betrachtung bilden. Dies darf geschehen, da die Flächen zweiten Grades der für das allgemeine Problem als nothwendig und hinreichend erkannten Bedingung genügen, durch die beiden Schaaren von Krümmungslinien in unendlich kleine Quadrate geteilt werden zu können.

1. Die den Mittelpunktsflächen zweiten Grades durch parallele Normalen zugeordneten Flächen müssen drei auf einander senkrecht stehende Symmetrieebenen besitzen, während bei den Flächen, welche den beiden Paraboloiden entsprechen, zwei solche Symmetrieebenen vorhanden sein werden.

Allerdings könnte die Zahl der Symmetrieebenen durch besondere Umstände, etwa durch Periodicität in der einen oder anderen Richtung vermehrt werden. Alsdann würde aber die vorige Behauptung wenigstens für dasjenige Flächenstück Gültigkeit besitzen, durch dessen periodische Wiederholung die gesammte Fläche entsteht.

2. Um die bei der conformen Abbildung auftretenden Singularitäten zu erkennen, kommt es darauf an,

die Function λ zu berechnen. Die Mittel dazu bieten die von Jacobi eingeführten elliptischen Coordinaten.

Die rechtwinkligen Coordinaten eines Punktes einer Mittelpunktsfläche zweiten Grades:

$$\frac{x^2}{a} + \frac{y^2}{b} + \frac{z^2}{c} = 1$$

lassen sich nämlich nach der Theorie der confocalen Flächen zweiten Grades folgendermassen ausdrücken:

$$x^2 = a\frac{(a-t_1)\cdot(a-t_2)}{(a-b)\cdot(a-c)}$$

$$y^2 = b\frac{(b-t_1)\cdot(b-t_2)}{(b-a)\cdot(b-c)}$$

$$z^2 = c\frac{(c-t_1)\cdot(c-t_2)}{(c-a)\cdot(c-b)}.$$

Dabei ist die Variabilität der Parameter t_1, t_2 der Krümmungslinien an die Bedingung geknüpft:

1) beim Ellipsoid:

$$a \geqq t_1 \geqq b \geqq t_2 \geqq c > 0$$

2) beim einschaligen Hyperboloid:

$$a \geqq t_1 \geqq b > 0 > c \geqq t_2 \geqq -\infty$$

3) beim zweischaligen Hyperboloid:

$$a > 0 > b \geqq t_1 \geqq c \geqq t_2 \geqq -\infty$$

Für das Quadrat des Linienelements der Mittelpunktsflächen zweiten Grades erhält man den Ausdruck:

$$dx^2 + dy^2 + dz^2 =$$
$$= \frac{t_1 - t_2}{4}\left\{\frac{-t_1 \cdot dt_1^2}{(t_1-a)(t_1-b)(t_1-c)} + \frac{t_2 \cdot dt_2^2}{(t_2-a)(t_2-b)(t_2-c)}\right\}$$

und durch Vergleichung mit der früher entwickelten Formel:

$$dx^2 + dy^2 + dz^2 = \frac{du^2 + dv^2}{\lambda}$$

$$\lambda = \frac{1}{t_1 - t_2},$$

von einem Zahlenfactor abgesehen.

Die conforme Abbildung hört auf in allen Punkten, in welchen diese Function λ Null oder unendlich gross wird. Es sind also die durch die Parameterwerte:

$$t_1 = t_2 = b,$$
$$t_2 = -\infty,$$
$$t_1 = t_2 = c; \quad t_2 = -\infty$$

resp. bestimmten Punkte des Ellipsoids, des einschaligen und des zweischaligen Hyperboloids oder der ihnen entsprechenden Flächen als singuläre Punkte anzusehen.

Bis jetzt wurden nur die Mittelpunktsflächen zweiten Grades in Betracht gezogen. Für die beiden Paraboloide können die vorigen Formeln nicht ohne weiteres zur Anwendung gelangen.

Doch kann man dieselben durch geeignete Grenzübergänge umgestalten und auf diese Weise gelingt es, auch die Coordinaten eines Punktes der Paraboloide als Functionen der Parameter der Krümmungslinien darzustellen.

Es lässt sich nämlich nachweisen, dass man durch die Coordinatentransformation:

$$\xi' = x - a$$

und die Substitution:

$$a^2 = m^4 . \alpha^2, \quad b^2 = m^2 . \beta^2, \quad c^2 = m^2 . \gamma^2$$

von der Gleichung des Ellipsoids bezw. einschaligen Hyperboloids:

$$\frac{x^2}{a^2} + \frac{y^2}{b^2} \pm \frac{z^2}{c^2} = 1$$

zu derjenigen des elliptischen resp. hyperbolischen Paraboloids:

$$\frac{2x}{\alpha} = \frac{y^2}{\beta^2} \pm \frac{z^2}{\gamma^2}$$

gelangt, wenn man zu $\lim m = \infty$ übergeht.

Setzt man demgemäss auch:

$$t_1 = m^2 . t_1'; \quad t_2 = m^2 . t_2'$$
$$m^4 . a^2 \gtreqqless m^2 . t_1' \gtreqqless m^2 . \beta^2 \gtreqqless m^2 . t_2' \gtreqqless m^2 . \gamma^2 > 0$$

resp. :

$$m^4 . a^2 \gtreqqless m^2 . t_1' \gtreqqless m^2 . \beta^2 > 0 > -m^2 . \gamma^2 \gtreqqless m^2 . t_2' \gtreqqless -\infty$$

so leitet man mit Rücksicht auf die früheren Gleichungen für die rechtwinkligen Coordinaten eines beliebigen Punktes der Paraboloide die Ausdrücke ab:

$$x = -\frac{\beta^2 \pm \gamma^2}{2a} \pm \frac{t_1 + t_2}{2a}$$

$$y^2 = -\frac{\beta^2}{a^2} . \frac{(\beta^2 - t_1) . (\beta^2 - t_2)}{\beta^2 \mp \gamma^2}$$

$$z^2 = \pm \frac{\gamma^2}{a^2} . \frac{(\pm \gamma^2 - t_1) . (\pm \gamma^2 - t_2)}{\beta^2 \mp \gamma^2} .$$

Die Function λ findet man am bequemsten, indem man den angegebenen Grenzübergang in der Formel für das Quadrat des Linienelements der Mittelpunktsflächen ausführt. Aus

$$dx^2 + dy^2 + dz^2 =$$
$$= \frac{t_1 - t_2}{4} \left\{ \frac{t_1 . dt_1^2}{-(t_1 - a^2)(t_1 - b^2)(t_1 - c^2)} + \frac{t_2 . dt_2^2}{(t_2 - a^2)(t_2 - b^2)(t_2 - c^2)} \right\}$$

erhält man auf diese Weise:

$$dx^2 + dy^2 + dz^2 =$$
$$= \frac{t_1 - t_2}{4} \left\{ \frac{t_1 . dt_1^2}{a^2 (t_1 - b^2)(t_1 - c^2)} + \frac{t_2 . dt_2^2}{a^2 (t_2 - b^2)(t_2 - c^2)} \right\}$$

als das Quadrat des Linienelements der Paraboloide.

Folglich ist auch hier wieder:

$$\lambda = \frac{1}{t_1 - t_2} .$$

Den Parameterwerten $t_1 = t_2 = b^2$, $t_1 = \infty$ entsprechen mithin auf dem elliptischen Paraboloid und der ihm in den kleinsten Teilen ähnlichen Fläche singuläre Punkte, während beim hyperbolischen Paraboloid und der zugeordneten Fläche die Werte $t_1 = +\infty$ und $t_2 = -\infty$ die singulären Stellen bestimmen.

3. Die Flächen, welche dem Ellipsoid, dem zweischaligen Hyperboloid und dem elliptischen Paraboloid entsprechen, sind nach dem Früheren jedenfalls Flächen von negativem Krümmungsmass, da in jedem Punkte der ursprünglichen Flächen das Krümmungsmass einen positiven Wert besitzt. Dagegen werden dem einschaligen Hyperboloid und dem hyperbolischen Paraboloid, deren Krümmungsmass überall negativ ist, Flächen positiven Krümmungsmasses zugeordnet.

4. Zu den Hauptkrümmungsradien einer Fläche zweiten Grades gelangt man sehr einfach durch die Bemerkung, dass der Quotient aus dem Quadrat des Linienelementes einer Fläche und dem Quadrat des entsprechenden Linienelements der Kugeloberfläche vom Radius 1 dem Quadrat der Länge des Hauptkrümmungsradius in dem betrachteten Punkte der Fläche gleich ist, wenn man in der Richtung einer Krümmungslinie fortschreitet.

Es kommt daher in diesem Falle darauf an, das Quadrat des Linienelements der Kugel durch elliptische Coordinaten auszudrücken.

Zu diesem Zwecke hat man aus den Gleichungen der confocalen Flächen zweiten Grades:

$$\frac{x^2}{a^2 - t_1} + \frac{y^2}{b^2 - t_1} + \frac{z^2}{c^2 - t_1} = 1$$

$$\frac{x^2}{a^2 - t_2} + \frac{y^2}{b^2 - t_2} + \frac{z^2}{c^2 - t_2} = 1$$

$$\frac{x^2}{a^2} + \frac{y^2}{b^2} + \frac{z^2}{c^2} = 1$$

und den für die Richtungscosinus der Normale in einem Punkte derselben geltenden Ausdrücken:

$$X^2 = \dfrac{\dfrac{x^2}{a^4}}{\dfrac{x^2}{a^4} + \dfrac{y^2}{b^4} + \dfrac{z^2}{c^4}}, \qquad Y^2 = \dfrac{\dfrac{y^2}{b^4}}{\dfrac{x^2}{a^4} + \dfrac{y^2}{b^4} + \dfrac{z^2}{c^4}},$$

$$Z^2 = \dfrac{\dfrac{z^2}{c^4}}{\dfrac{x^2}{a^4} + \dfrac{y^2}{b^4} + \dfrac{z^2}{c^4}}$$

die Coordinaten x, y, z zu eliminieren. Als Resultat dieser Elimination ergiebt sich das System von Gleichungen:

$$\begin{cases} \dfrac{a^2 . X^2}{a^2 - t_1} + \dfrac{b^2 . Y^2}{b^2 - t_1} + \dfrac{c^2 . Z^2}{c^2 - t_1} = 0 \\[2mm] \dfrac{a^2 . X^2}{a^2 - t_2} + \dfrac{b^2 . Y^2}{b^2 - t_2} + \dfrac{c^2 . Z^2}{c^2 - t_2} = 0 \\[2mm] \qquad X^2 + Y^2 + Z^2 = 1. \end{cases}$$

Aus den hierdurch bestimmten Coordinaten eines Punktes der Einheitskugel X, Y, Z würde sich dann der Ausdruck $dX^2 + dY^2 + dZ^2$ berechnen lassen.

Auf einfacherem Wege indessen kann man denselben ableiten, indem man die Kugel als Grenzfall eines Ellipsoids betrachtet. Setzt man nämlich:

$$a^2 = r^2 + \alpha^2 . \varepsilon^2$$
$$b^2 = r^2 + \beta^2 . \varepsilon^2$$
$$c^2 = r^2 + \gamma^2 . \varepsilon^2$$

mit der Bedingung, dass α, β, γ gewisse der Ungleichheit

$$\alpha > \beta > \gamma$$

genügende endliche Grössen bedeuten, und ε eine gegen Null convergirende Grösse bezeichnet; ferner:

$$t_1 = r^2 + \varepsilon^2 . t_1'; \quad t_2 = r^2 + \varepsilon^2 . t_2'$$
$$\alpha^2 > t_1' > \beta^2 > t_2' > \gamma$$

so geht das Quadrat des Linienelementes der Ellipsoidoberfläche über in:

$$dx^2 + dy^2 + dz^2 =$$

$$= \varepsilon^6 \cdot \frac{t_1' - t_2'}{4} \left\{ \frac{(r^2 + \varepsilon^2 \cdot t_1') dt_1'^2}{-\varepsilon^6 (t_1' - \alpha^2)(t_1' - \beta^2)(t_1' - \gamma^2)} + \frac{(r^2 + \varepsilon^2 \cdot t_2') dt_2'^2}{\varepsilon^6 (t_2' - \alpha^2)(t_2' - \beta^2)(t_2' - \gamma^2)} \right\}$$

oder für $\lim \varepsilon = 0$, $r = 1$

$$= \frac{t_1' - t_2'}{4} \left\{ \frac{dt_1'^2}{-(t_1' - \alpha^2)(t_1' - \beta^2)(t_1' - \gamma^2)} + \frac{dt_2'^2}{(t_2' - \alpha^2)(t_2' - \beta^2)(t_2' - \gamma^2)} \right\}.$$

Ein Blick auf die Gleichungen (*) lehrt nun, dass in diesem speciellen Falle:

$$\alpha^2 = \frac{1}{c^2}, \quad \beta^2 = \frac{1}{b^2}, \quad \gamma^2 = \frac{1}{a^2}$$

$$t_1' = \frac{1}{t_1'}, \quad t_2' = \frac{1}{t_2'}$$

zu wählen ist.

Demnach besteht für das Quadrat des Linienelements der Einheitskugel die Formel:

$$dX^2 + dY^2 + dZ^2 =$$

$$= a^2.b^2.c^2 . \frac{t_1 - t_2}{4 t_1 . t_2} \left\{ \frac{dt_1^2}{t_1(a^2 - t_1)(b^2 - t_1)(c^2 - t_1)} + \frac{dt_2^2}{-t_2(a^2 - t_2)(b^2 - t_2)(c^2 - t_2)} \right\}$$

und die Länge der Hauptkrümmungsradien in irgend einem Punkte des Ellipsoids wird durch die erwähnten Quotienten:

$$\frac{\left(\frac{\partial x}{\partial t_1}\right)^2 + \left(\frac{\partial y}{\partial t_1}\right)^2 + \left(\frac{\partial z}{\partial t_1}\right)^2}{\left(\frac{\partial X}{\partial t_1}\right)^2 + \left(\frac{\partial Y}{\partial t_1}\right)^2 + \left(\frac{\partial Z}{\partial t_1}\right)^2} = R_1^2 = \frac{t_1^3 . t_2}{a^2.b^2.c^2}$$

$$\frac{\left(\frac{\partial x}{\partial t_2}\right)^2 + \left(\frac{\partial y}{\partial t_2}\right)^2 + \left(\frac{\partial z}{\partial t_2}\right)^2}{\left(\frac{\partial X}{\partial t_2}\right)^2 + \left(\frac{\partial Y}{\partial t_2}\right)^2 + \left(\frac{\partial Z}{\partial t_2}\right)^2} = R_2^2 = \frac{t_2^3 . t_1}{a^2.b^2.c^2}$$

bestimmt.

Für das einschalige und zweischalige Hyperboloid bestehen der Form nach die gleichen Relationen.

Dies Ergebnis stimmt überein mit dem Satze O. Bonnet's (Mémoire sur la théorie des surfaces isothermes orthogonales. Journal de l'école polyt. cah. 30, t. XVIII), nach welchem auf einer und derselben Krümmungslinie einer Fläche zweiten Grades der betreffende Hauptkrümmungsradius proportional der dritten Potenz des anderen Hauptkrümmungsradius variiert.

Die Dupin'sche Indicatrix geht daher in einen Kreis über:

1) beim Ellipsoid und elliptischen Paraboloid in den durch die Werte $t_1 = t_2 = b^2$ bestimmten Punkten der xz - Ebene.

2) beim zweischaligen Hyperboloid für diejenigen Punkte, in denen $t_1 = t_2 = c$ ist.

Die Längen der beiden Hauptkrümmungsradien in einem Punkte der entsprechenden Flächen werden aus den für die gegebenen Flächen gefundenen durch Multiplication mit $\pm \lambda = \pm \dfrac{1}{t_1 - t_2}$ abgeleitet.

5. Aus den obigen Gleichungen:

$$\frac{X^2}{\dfrac{1}{a^2} - \dfrac{1}{t_1}} + \frac{Y^2}{\dfrac{1}{b^2} - \dfrac{1}{t_1}} + \frac{Z^2}{\dfrac{1}{c^2} - \dfrac{1}{t_1}} = 0$$

$$\frac{X^2}{\dfrac{1}{a^2} - \dfrac{1}{t_2}} + \frac{Y^2}{\dfrac{1}{b^2} - \dfrac{1}{t_2}} + \frac{Z^2}{\dfrac{1}{c^2} - \dfrac{1}{t_2}} = 0$$

folgt ausserdem der Satz, dass den Krümmungslinien der Flächen zweiten Grades auf der Einheitskugel zwei Schaaren confocaler sphärischer Kegelschnitte entsprechen. Nach §. 1. überträgt sich diese Eigenschaft ohne weiteres auf die jenen durch parallele Normalen zugeordneten Flächen.

§. 6.
Analytische Bestimmung der dem Ellipsoid zugeordneten Fläche.

Es kommt nun darauf an, die den einzelnen Flächen zweiten Grades entsprechenden Flächen wirklich analytisch zu bestimmen.

Um zunächst zu der dem Ellipsoid entsprechenden Fläche zu gelangen, berechnet man aus den Gleichungen:

$$x^2 = a^2 \cdot \frac{(a^2 - t_1) \cdot (a^2 - t_2)}{(a^2 - b^2) \cdot (a^2 - c^2)}$$

$$y^2 = b^2 \cdot \frac{(b^2 - t_1) \cdot (b^2 - t_2)}{(b^2 - a^2) \cdot (b^2 - c^2)}$$

$$z^2 = c^2 \cdot \frac{(c^2 - t_1) \cdot (c^2 - t_2)}{(c^2 - a^2) \cdot (c^2 - b^2)}$$

den Betrachtungen des §. 5 gemäss:

$$R_1 \cdot \frac{\partial X}{\partial t_1} = \frac{a}{2} \cdot \sqrt{\frac{1}{(a^2 - b^2)(a^2 - c^2)}} \cdot \sqrt{\frac{a^2 - t_2}{a^2 - t_1}}$$

$$R_2 \cdot \frac{\partial X}{\partial t_2} = \frac{a}{2} \cdot \sqrt{\frac{1}{(a^2 - b^2)(a^2 - c^2)}} \cdot \sqrt{\frac{a^2 - t_1}{a^2 - t_2}}$$

und hieraus durch passende Vertauschung:

$$R_1 \cdot \frac{\partial Y}{\partial t_1} = \frac{b}{2} \cdot \sqrt{\frac{1}{(a^2 - b^2)(b^2 - c^2)}} \cdot \sqrt{\frac{b^2 - t_2}{t_1 - b^2}}$$

$$R_2 \cdot \frac{\partial Y}{\partial t_2} = \frac{b}{2} \cdot \sqrt{\frac{1}{(a^2 - b^2)(b^2 - c^2)}} \cdot \sqrt{\frac{t_1 - b^2}{b^2 - t_2}}$$

endlich:

$$R_1 \cdot \frac{\partial Z}{\partial t_1} = \frac{c}{2} \cdot \sqrt{\frac{1}{(c^2 - a^2)(c^2 - b^2)}} \cdot \sqrt{\frac{c^2 - t_2}{c^2 - t_1}}$$

$$R_2 \cdot \frac{\partial Z}{\partial t_2} = \frac{c}{2} \cdot \sqrt{\frac{1}{(c^2 - a^2)(c^2 - b^2)}} \cdot \sqrt{\frac{c^2 - t_1}{c^2 - t_2}}.$$

Vermöge dieser Werte nehmen die vollständigen Differentiale der Coordinaten eines Punktes der zugeordneten Fläche:

$$dx' = \lambda \ R_1 \cdot \frac{\partial X}{\partial t_1} \cdot dt_1 - \lambda \cdot R_2 \cdot \frac{\partial X}{\partial t_2} \cdot dt_2$$

$$dy' = \lambda \cdot R_1 \cdot \frac{\partial Y}{\partial t_1} \cdot dt_1 - \lambda \cdot R_2 \cdot \frac{\partial Y}{\partial t_2} \cdot dt_2$$

$$dz' = \lambda \cdot R_1 \cdot \frac{\partial Z}{\partial t_1} \cdot dt_1 - \lambda \cdot R_2 \cdot \frac{\partial Z}{\partial t_2} \cdot dt_2$$

die Gestalt an:

$$dx' = \frac{a}{2(t_1 - t_2)}\sqrt{\frac{1}{(a^2-b^2)(a^2-c^2)}}\left(\sqrt{\frac{a^2-t_2}{a^2-t_1}}dt_1 - \sqrt{\frac{a^2-t_1}{a^2-t_2}}dt_2\right)$$

$$dy' = \frac{b}{2(t_1-t_2)}\sqrt{\frac{1}{(a^2-b^2)(b^2-c^2)}}\left(\sqrt{\frac{b^2-t_2}{t_1-b^2}}dt_1 - \sqrt{\frac{t_1-b^2}{b^2-t_2}}dt_2\right)$$

$$dz' = \frac{c}{2(t_1-t_2)}\sqrt{\frac{1}{(c^2-a^2)(c^2-b^2)}}\left(\sqrt{\frac{c^2-t_2}{c^2-t_1}}dt_1 - \sqrt{\frac{c^2-t_1}{c^2-t_2}}dt_2\right).$$

Mit Rücksicht auf die Bedingung:

$$a^2 \geqq t_1 \geqq b^2 \geqq t_2 \geqq c^2 > 0$$

erhält man hieraus folgende Ausdrücke für die rechtwinkligen Coordinaten eines Punktes der gesuchten Fläche:

$$x' = \tfrac{1}{2}\sqrt{\frac{a^2}{(a^2-b^2)(a^2-c^2)}}\ \text{lognat}\ \frac{\sqrt{a^2-t_2}+\sqrt{a^2-t_1}}{\sqrt{a^2-t_2}-\sqrt{a^2-t_1}}$$

$$y' = \sqrt{\frac{b^2}{(a^2-b^2)(b^2-c^2)}}\ \text{arctang}\ \sqrt{\frac{t_1-b^2}{b^2-t_2}}$$

$$z' = \tfrac{1}{2}\sqrt{\frac{c^2}{(c^2-a^2)(c^2-b^2)}}\ \text{lognat}\ \frac{\sqrt{t_1-c^2}+\sqrt{t_2-c^2}}{\sqrt{t_1-c^2}-\sqrt{t_2-c^2}}.$$

Die beiden Werte, welche den Quadratwurzeln in
den constanten Factoren der rechts stehenden Producte
beigelegt werden können, bestätigen die in §. 5. aufge-
stellte Behauptung der Existenz dreier normal sich schnei-
dender Symmetrieebenen, falls man nur das Flächenstück
in Betracht zieht, durch dessen periodische Wiederholung die ganze Fläche entsteht. Denn senkrecht zur
y'-Achse tritt eine einfach unendliche Mannigfaltigkeit
paralleler Symmetrieebenen auf, die einander in einem

Abstande gleich der Grösse der mit einer Constante mul-
tiplicirten halben Periode der Function arctang:

$$\eta = \frac{\pi}{2} \cdot \sqrt{\frac{b^2}{(a^2 - b^2)(b^2 - c^2)}}$$

folgen.

Da eine auch noch so sorgfältige Beschreibung der
gestaltlichen Verhältnisse dieser Fläche nur ein mehr
oder weniger unvollkommenes Bild derselben gewähren
würde, so ist dieser Arbeit eine axonometrische Pro-
jection des auf einer Seite der $y'z'$-Ebene gelegenen,
der Periode der Function arctang entsprechenden Flä-
chenstückes beigefügt worden. Die Anschauung dieser
Zeichnung wird sich auch für die Erlangung einer Vorstellung von den später zu betrachtenden Flächen nütz-
lich erweisen.

Der Ellipse in der Ebene der grössten und mittle-
ren Achse des Ellipsoids entspricht eine gewisse transcendente geschlossene Curve in der $x'y'$-Ebene.

Die Krümmungslinien $t_2 =$ const der neuen Fläche
sind sämmtlich geschlossene Curven doppelter Krümmung,
bis auf die Krümmungslinie $t_2 = b^2$, welche in zwei con-
gruente Hälften zerfällt, die in zwei das erwähnte Flächenstück begrenzenden Parallelebenen zur $x'z'$-Ebene
verlaufen und im Unendlichen zusammenhängen. Diese
unendlich fernen Punkte entsprechen den vier durch die
Parameterwerte $t_1 = t_2 = b^2$ bestimmten, in der xz-Ebene
gelegenen Nabelpunkten des Ellipsoides, welche bereits
als singuläre bezeichnet wurden.

Es werden also die beiden Hälften der Krümmungslinie $t_2 = b^2$, welche beim Ellipsoid in der xz-Ebene
mit einander zur Deckung gelangten, von einander ge-
trennt. Um jedoch die Stetigkeit bei der conformen Abbildung aufrecht zu erhalten, kann man längs dieser
Krümmungslinie des Ellipsoids einen Schnitt ausführen
und nun die dadurch entstehenden Ränder als verschiedene Ufer betrachten.

Ganz analoge Verhältnisse treten bei der Krümmungslinie $t_1 = b^2$ auf. Der ebenen Krümmungslinie $t_1 = a^2$ des Ellipsoids wird eine der $y'z'$-Ebene angehörige Curve der neuen Fläche zugeordnet, die geschlossen erscheint, sobald man die Periodicität der Function arctg berücksichtigt. Die übrigen Krümmungslinien $t_1 = $ const bilden wiederum ein System geschlossener Curven doppelter Krümmung.

Fasst man das von zwei Krümmungslinien:

$$t_2 = b^2 - \varepsilon; \quad t_1 = b^2 + \varepsilon$$

begrenzte, den Nabelpunkt enthaltende krummlinige Zweieck der Ellipsoidoberfläche ins Auge, indem man unter ε eine kleine von Null verschiedene Grösse versteht, so ändert die Normale des Ellipsoids ihre Lage stetig innerhalb des betrachteten Zweiecks, weicht aber in diesem Gebiet um so weniger von der speciellen Lage der Normale im Nabelpunkte ab, je kleiner ε und damit das Zweieck angenommen wurde. Legt man nun ε einen kleinen, aber festen Wert bei und betrachtet den jenem Zweieck zugeordneten Teil der neuen Fläche, so entsprechen den vier Schnittpunkten der Krümmungslinien: $t_1 = b^2$, $t_1 = b^2 + \varepsilon$ mit den Krümmungslinien $t_2 = b^2$, $t_2 = b^2 - \varepsilon$ fünf im Endlichen gelegene Punkte, dem im Innern befindlichen Nabelpunkte aber der unendlich ferne Punkt, so dass das kleine Zweieck durch parallele Normalen auf ein sich ins Unendliche ausdehnendes Stück der neuen Fläche abgebildet wird.

Die Normalen in den einzelnen Punkten dieses unendlich grossen Flächenstücks werden daher eine sehr wenig von einander abweichende Richtung haben, das Flächenstück selbst wird sich immer mehr einer festen Ebene anschmiegen.

Es lässt sich beweisen, dass diese asymptotische Ebene durch den Coordinatenanfangspunkt hindurchgeht.

Die Tangentialebene in dem Punkte (x', y', z') einer Fläche hat bekanntlich die Gleichung:

$$(x'-\xi).X' + (y'-\eta).Y' + (z'-\zeta).Z' = 0$$

wo ξ, η, ζ die laufenden Coordinaten X', Y', Z' die Richtungscosinus der Normale in dem betreffenden Punkte bedeuten. Soll sich der Coordinatenanfangspunkt in dieser Tangentialebene befinden, so muss sein:

$$x'.X' + y'.Y' + z'.Z' = 0.$$

Im vorliegenden Falle ist nun:

$$X' = X = \mu \cdot \frac{x}{a^2}, \quad Y' = Y = \mu \cdot \frac{y}{b^2}$$

$$Z' = Z = \mu \cdot \frac{z}{c^2},$$

wenn man mit μ den Proportionalitätsfactor $\sqrt{\dfrac{x^2}{a^4}+\dfrac{y^2}{b^4}+\dfrac{z^2}{c^4}}$ bezeichnet; mithin muss die Gleichung:

$$x'\cdot\frac{x}{a^2} + y'\cdot\frac{y}{b^2} + z'\cdot\frac{z}{c^2} = 0$$

identisch erfüllt werden.

Wendet man hier nach Substitution der gefundenen Werte x', y', z' die für die Function Logarithmus geltende Reihenentwickelung an, so überzeugt man sich, dass dies in der That der Fall ist.

Die dem Ellipsoid entsprechende Fläche besitzt also zwei in der Y'-Achse sich durchschneidende Asymptotenebenen. Der von ihnen eingeschlossene Winkel α wird durch die Gleichung:

$$\alpha = \arccos\frac{c^2(a^2-b^2) - a^2(b^2-c^2)}{b^2(a^2-c^2)}$$

bestimmt.

§. 7.
Die dem einschaligen Hyperboloid entsprechende Fläche.

Die Anwendung der Christoffel'schen Transformation auf das einschalige Hyperboloid:

$$\frac{x^2}{a} + \frac{y^2}{b} + \frac{z^2}{c} = 1$$

ergiebt mit Rücksicht auf die Ungleichheit:

$$a \geqq t_1 \geqq b \geqq 0 > c \geqq t_2 \geqq \infty$$

für die rechtwinkligen Coordinaten eines Punktes der entsprechenden Fläche die Ausdrücke:

$$x' = \tfrac{1}{2}\sqrt{\frac{a}{(a-b)(a-c)}} \; \text{lognat} \; \frac{\sqrt{a-t_2} + \sqrt{a-t_1}}{\sqrt{a-t_2} - \sqrt{a-t_1}}$$

$$y' = \sqrt{\frac{b}{(a-b)(b-c)}} \; \text{arctang} \; \sqrt{\frac{t_1-b}{b-t_2}}$$

$$z' = \sqrt{\frac{-c}{(a-c)(b-c)}} \; \text{arctang} \; \sqrt{\frac{t_1-c}{c-t_2}}.$$

Die conforme Abbildung durch parallele Normalen findet überall statt mit Ausnahme derjenigen Stellen, wo $t_2 = -\infty$ ist, denn dort und nur dort verschwindet die Function

$$\lambda = \frac{1}{t_1 - t_2}.$$

Dies ist der Fall für die unendlich fernen Punkte des einschaligen Hyperboloids, denen auf der zugeordneten Fläche ein einziger Punkt, nämlich der Coordinatenanfangspunkt als singuläre Stelle entspricht.

Denkt man sich durch die Krümmungslinie $t_2 = \omega$, wo ω einen sehr grossen negativen Wert haben möge, die beiden sich ins Unendliche erstreckenden kegelstumpfartigen Teile des Hyperboloids abgeschnitten, so entspricht diesem ein Gebiet, welches sich passend mit einem auf beiden Seiten des Doppelpunktes und in geringer Entfernung von demselben abgetrennten Doppelkegel vergleichen lässt. Von den beiden Hauptkrümmungsradien:

$$R_1' = \frac{1}{t_1 - t_2} \cdot \sqrt{\frac{t_1^3 \cdot t_2}{a\,b\,c}}, \qquad R_2'' = \frac{-1}{t_1 - t_2} \cdot \sqrt{\frac{t_2^3 \cdot t_1}{a\,b\,c}}$$

verschwindet R_1' in dem singulären Punkte, während R_2' unendlich gross wird. Lässt man $|\omega|$ abnehmen, so wird der Umfang der betreffenden Krümmungslinien des Hyperboloids $t_2 = \omega$ beständig kleiner und erreicht sein Minimum für $t_2 = c$, für die Kehlellipse desselben. Hierbei vergrössert sich umgekehrt auf der anderen Fläche der Umfang der einzelnen Krümmungslinien fortwährend. Das Maximum des Umfangs wird von der Curve $t_2 = c$ erlangt. Diesem Werte entsprechen zwei congruente geschlossene Curven, welche resp. in den Ebenen:

$$z' = \pm \frac{\pi}{2} \sqrt{\frac{-c}{(a - c)(b - c)}}$$

und zwar ganz im Endlichen verlaufen. Das so begrenzte Flächenstück entspricht jedoch nur einer einzigen Periode der Function arctg, durch welche die z'-Coordinaten eines Punktes der Fläche bestimmt wird. Auf der in der Richtung der Z'-Achse ausgedehnten einfach unendlichen Mannigfaltigkeit solcher Flächenstücke bilden dann die Krümmungslinien der noch nicht betrachteten Schaar $t_1 = $ const, welche orthogonale Trajectorien der Curven $t_2 = $ const sind und sämmtlich durch die oben erwähnten conischen Doppelpunkte der Fläche hindurchgehen, ebenfalls ein System in sich zurückkehrender Linien.

§. 8.

Die dem zweischaligen Hyperboloid zugeordnete Fläche.

Bei dieser Fläche wird die conforme Abbildung durch die Gleichungen vermittelt:

$$x' = \tfrac{1}{2}\sqrt{\frac{a}{(a-b)(a-c)}}\ \text{lognat}\ \frac{\sqrt{a-t_2}+\sqrt{a-t_1}}{\sqrt{a-t_2}+\sqrt{a-t_1}}$$

$$y' = \tfrac{1}{2}\sqrt{\frac{-b}{(a-b)(b-c)}}\ \text{lognat}\ \frac{\sqrt{b-t_2}+\sqrt{b-t_1}}{\sqrt{b-t_2}-\sqrt{b-t_1}}$$

$$z' = \sqrt{\frac{-c}{(a-c)(b-c)}}\ \text{arctang}\ \sqrt{\frac{t_1-c}{c-t_2}}$$

wenn man die Grössen x', y', z' als rechtwinklige Coordinaten eines Punktes auffasst, und dabei die Bedingung:

$$a > 0 > b \geqq t_1 \geqq c \geqq t_2 \geqq -\infty$$

beobachtet.

Die vollkommene Uebereinstimmung der Functionen, welche hier und in §. 6. auftreten, berechtigt zu dem Schlusse, dass die beiden durch sie bestimmten Flächen im allgemeinen gestaltlich denselben Typus darbieten werden.

Die Function $\lambda = \dfrac{1}{t_1 - t_2}$ kennzeichnet sowohl die Nabelpunkte ($t_1 = t_2 = c$) als auch die unendlich fernen Punkte ($t_2 = -\infty$) als singuläre Stellen des zweischaligen Hyperboloids. Bei der conformen Abbildung werden den Nabelpunkten unendlich ferne Punkte zugeordnet, sodass, wie bei der Zugrundelegung des Ellipsoids der Umgebung derselben ein sich ins Unendliche erstreckender Bereich entspricht; den sämmtlichen unendlich fernen Punkten hingegen entspricht nur ein einziger Punkt, der auf der neuen Fläche selbst liegende Coordinatenanfangspunkt, wie bei der Abbildung des einschaligen Hyperboloids.

Eine nähere Untersuchung ergiebt, dass das zweischalige Hyperboloid durch parallele Normalen in den kleinsten Teilen ähnlich auf eine Fläche abgebildet wird, welche man aus der dem Ellipsoid zugeordneten Fläche entstanden denken kann, (s. Fig.), wenn man unter Beibehaltung der Asymptotenebenen die elliptische Curve der $Y'Z'$-Ebene ($t_2 = a^2$) auf einen einzigen conischen Doppelpunkt sich zusammenziehen lässt.

§. 9.

Die dem elliptischen Paraboloid entsprechende Fläche.

Das elliptische Paraboloid

$$\frac{2x}{a} = \frac{y^2}{b^2} + \frac{z^2}{c^2}$$

geht vermöge der Christoffel'schen Transformation in die durch die Gleichungen:

$$x' = \frac{1}{2a} \, \text{lognat} \, (t_1 - t_2)$$

$$y' = \frac{b}{a} \cdot \sqrt{\frac{1}{b^2 - c^2}} \, \text{arctang} \, \sqrt{\frac{t_1 - b^2}{b^2 - t_2}}$$

$$z' = \frac{c}{2a} \cdot \sqrt{\frac{1}{b^2 - c^2}} \, \text{lognat} \, \frac{\sqrt{t_1 - c^2} + \sqrt{t_2 - c^2}}{\sqrt{t_1 - c^2} - \sqrt{t_2 - c^2}}$$

bestimmte Fläche über, wenn die Bedingung gestellt wird:

$$+\infty \geqq t_1 \geqq b^2 \geqq t_2 \geqq c^2 > 0.$$

Verfolgt man den Lauf der einzelnen Krümmungslinien und zieht zum Vergleich die Betrachtungen des §. 6. heran, (s. Fig.), so erkennt man den geometrischen Zusammenhang der dem Ellipsoid entsprechenden Fläche mit der vorliegenden. Die letztere Fläche kann man nämlich aus jener dadurch ableiten, dass man die $Y'Z'$-Ebene, welche die Bedeutung einer Symmetrieebene verliert, ins Unendliche fortrücken und zugleich die in ihr befindliche Krümmungslinie $t_1 = a^2$ auf einen einzigen Punkt zusammenschrumpfen lässt, während die übrigen Curven $t_2 = $ const sich asymptotisch den Durchschnittslinien der Parallelebenen $y' = \frac{\pi}{2} \cdot \frac{b}{a} \sqrt{\frac{1}{b^2 - c^2}}$ mit der $x'y'$-Ebene anschliessen.

3

Das einer einzigen Periode der Function arc tang entsprechende Flächenstück besitzt demnach einerseits zwei auf den erwähnten Parallelen zur x'-Achse gelegene unendlich ferne Punkte, welche den unendlich fernen Punkten des Paraboloids entsprechen, anderseits zwei Asymptotenebenen, deren Existenz durch die Nabelpunkte bedingt ist.

§. 10.
Anwendung der Transformation auf das hyperbolische Paraboloid.

Geht man vom hyperbolischen Paraboloid:

$$\frac{2x}{a} = \frac{y^2}{b} + \frac{z^2}{c}$$

aus, so gelangt man mit Rücksicht auf die Ungleichheit:

$$+\infty \geqq t_2 \geqq b > 0 > c \geqq t_2 - \infty$$

vermittelst der Gleichungen:

$$x' = \frac{1}{a} \operatorname{lognat}(t_1 - t_2)$$

$$y' = 2\sqrt{\frac{b}{a(b-c)}} \cdot \operatorname{arctang}\sqrt{\frac{t_1-b}{b-t_2}}$$

$$z' = 2\sqrt{\frac{c}{a(b-c)}} \cdot \operatorname{arctang}\sqrt{\frac{t_1-c}{c-t_2}}$$

zu der jenem in den kleinsten Teilen ähnlichen Fläche.

Eine ungefähre Vorstellung ihrer Gestalt gewinnt man, wenn man bei der dem einschaligen Hyperboloid zugeordneten Fläche (§. 7.) die $y'z'$-Ebene ins Unendliche rücken, und dabei eine asymptotische Annäherung der Krümmungslinien $t_2 = c^2$ und $t_1 = b^2$ an die Geraden:

$$\eta' = \pm \frac{\pi}{2} \cdot \operatorname{const} \quad \text{resp.} \quad \zeta' = \frac{\pi}{2} \cdot \operatorname{const}$$ stattfinden lässt.

Die so entstandene Fläche besitzt dann im Endlichen keine Singularitäten.

§. 11.
Darstellung der Gleichungen der betrachteten Flächen in geschlossener Form.

Im Folgenden mögen der Kürze halber die constanten Factoren, welche in den einzelnen Ausdrücken für die Coordinaten eines Punktes der betrachteten Flächen vorkommen, weggelassen werden.

1. Bei der dem Ellipsoid entsprechenden Fläche ergeben sich aus den Werten der Coordinaten x, z zur Bestimmung der zu eliminirenden Parameter t_1, t_2 die linearen Gleichungen:

$$t_1(1+e^z)^2 - t_2(e^z-1)^2 = 4a^2.e^z$$
$$t_1(1-e^z)^2 - t_2(e^z+1)^2 = -4c^2.e^z$$

aus denen man erhält:

$$t_1 = \frac{a^2.e^z(e^z+1)^2 + c^2.e^z(e^z-1)^2}{(e^x+e^z).(e^{x+z}+1)}$$

$$t_2 = \frac{a^2.e^z(1-e^z)^2 + c^2.e^z(1+e^z)^2}{(e^x+e^z)(e^{x+z}+1)}.$$

Die Substitution dieser Parameterwerte in:

$$y = \arctan \sqrt{\frac{t_1-b^2}{b^2-t_2}}$$

liefert dann folgende Darstellung der Fläche:

$$\tan^2 y = \frac{a^2.e^x(e^x+1)^2 - b^2(e^x+e^z)(e^{x+z}+1) + c^2.e^x(e^x-1)^2}{-a^2.e^x(e^x-1)^2 + b^2(e^x+e^z)(e^{x+z}+1) - c^2.e^x(e^x+1)^2}$$

wofür man auch schreiben kann:

$$\tan^2 y' = \frac{a^2.x'(z'+1)^2 - b^2(x'+z')(x'.z'+1) + c^2.z'(x'-1)^2}{-a^2.x'(z'-1)^2 + b^2(x'+z')(x'.z'+1) - c^2.z'(x'+1)^2}$$

wenn die Bedingung hinzugefügt wird:

$$0 \leq x' \leq +\infty, \quad 0 \leq z' \leq +\infty.$$

Für den Grenzfall, in welchem das Ellipsoid in das

3 *

elliptische Paraboloid übergeht, vereinfachen sich die nach t_1, t_2 aufzulösenden linearen Gleichungen; es ist dann:

$$t_1 - t_2 = e^z$$

$$t_1(e^z - 1)^2 - t_2(e^z + 1)^2 = -4c^2 . e^z, \quad \text{mithin:}$$

$$\text{tang}^2 y = \frac{e^z(e^z + 1)^2 - 4c^z(b^2 + c^2)}{-c^z(c^z - 1)^2 + 4e^z(b^2 - c^2)}$$

oder

$$\text{tang}^2 y' = \frac{x'(z' + 1)^2 - 4z'(b^2 + c^2)}{-x'(z' - 1)^2 + 4z'(b^2 - c^2)}$$

mit der Bedingung

$$0 \leqq x' \leqq +\infty, \quad 0 \leqq z' \leqq +\infty$$

die Gleichung der entsprechenden Fläche.

3. Analog erhält man die Gleichung der dem zwei-schaligen Hyperboloid zugeordneten Fläche:

$$\text{tang}^2 z = \frac{a . x(y-1)^2 - b . y(x-1)^2 - c(xy-1)(y-x)}{-a . x(y+1)^2 + b . y(x+1)^2 + c(xy-1)(y-x)}$$

wobei $0 \leqq x \leqq +\infty, \quad 0 \leqq y \leqq \infty$ sein muss.

4. Die Gleichung derjenigen Fläche, auf welche das einschalige Hyperboloid conform abgebildet wird, lautet:

$$(e^z + 1)^2 . [c(z + 1) - b . z(y + 1)]$$
$$+ (e^z - 1)^2 . [c(z + 1) - b(y + 1)] = 4a . e^z(y - z)$$

sobald man die Functionen $\text{tang}^2 y$, $\text{tang}^2 z$ durch die Grössen y, z ersetzt, deren Variabilität auf geeignete Intervalle zu beschränken ist.

5. Die Fläche endlich, auf welche das hyperbolische Paraboloid durch parallele Normalen in den kleinsten Teilen ähnlich abgebildet wird, ist durch die Gleichung

$$e^z = (b - c) \frac{(y + 1) . (z + 1)}{z - y}$$

bestimmt.

Auch hier ist die Veränderlichkeit der unabhängigen Variabeln y, z an einen gewissen Bereich der yz - Ebene gebunden.

Dritter Abschnitt.

§. 12.

Berechnung der Parameter t_1, t_2 der auf einem Modell eines Ellipsoids bezw. der entsprechenden Fläche zur Anschauung zu bringenden Krümmungslinien bei Zugrundelegung der speciellen Annahme $\overline{U}_1 : \overline{U}_2 = 4 : 3$.

In diesem Paragraphen bedient sich der Verfasser genau derselben Bezeichnungsweise, welche Herr Neovius in seiner in der Einleitung bereits erwähnten Abhandlung (pag. 7—17) angewendet hat.

Denkt man sich die Seiten des Rechtecks, auf welches die Fläche eines Ellipsoid-Oktanten mit den Halbachsen a, b, c conform abgebildet werden kann, in 4 resp. 3 gleiche Teile geteilt, und durch die Teilpunkte Parallelen zu den Seiten des Rechtecks gezogen, so entstehen 12 Quadrate von gleich grosser Seitenlänge. Bezeichnet man nun die Länge der grösseren Rechtecksseiten mit $\overline{U}_1$, die der kleineren mit $\overline{U}_2$, so kommt es darauf an, die Grössen $\overline{U}_1$ und $\overline{U}_2$ wirklich zu ermitteln, und die Parameter t_1, t_2 derjenigen Krümmungslinien zu berechnen, welche den im Abstande $\dfrac{\overline{U}_1}{4} = \dfrac{\overline{U}_2}{3}$ auf einander folgenden zu den erwähnten Rechtecksseiten gezogenen Parallelen entsprechen.

Es ergeben sich die Ausdrücke:

$$\overline{U}_1 = \int_{b^2}^{a^2} \frac{t_1 . dt_1}{\sqrt{-(t_1 - a^2)(t_1 - b^2)(t_1 - c^2) t_1}}$$

$$\overline{U}_2 = \int_{c^2}^{b^2} \frac{t_2 . dt_2}{\sqrt{(t_2 - a^2((t_2 - b^2)(t_2 - c^2) t_2}} .$$

Die unbestimmten elliptischen Integrale dritter Art U_1, U_2 nehmen, wenn man sie vermittelst der bekannten gebrochenen Substitution ersten Grades auf die Weierstrass'sche Normalform zurückführt, die Gestalt an:

$$U_1 = \frac{1}{i} \int_0^{u_1 i} \frac{\wp' w}{\wp(\omega_2 + u) - \wp w}\, du$$

$$U_2 = \int_0^{u_2} \frac{\wp' w}{\wp(\omega_2 + u) - \wp w}\, du$$

oder nach Ausführung der Integration:

$$U_1 = \frac{1}{i}\left(ln\, \frac{\mathfrak{S}_2(w - u_1 i)}{\mathfrak{S}_2(w + u_1 i)} + 2\, \frac{\mathfrak{S}' w}{\mathfrak{S} w} \cdot u_1 i \right)$$

$$U_2 = \quad ln\, \frac{\mathfrak{S}_2(w - u_2)}{\mathfrak{S}_2(w + u_2)} \quad + 2\, \frac{\mathfrak{S}' w}{\mathfrak{S} w} \cdot u_2 .$$

Es werden daher die bestimmten Integrale $\overline{U_1}$ und $\overline{U_2}$ durch die Gleichungen gegeben:

$$\overline{U_1} = \frac{2}{i}\left(\frac{\mathfrak{S}' w}{\mathfrak{S} w}\, \omega_3 - \eta_3 \cdot w \right)$$

$$\overline{U_2} = 2\left(\frac{\mathfrak{S}' w}{\mathfrak{S} w}\, \omega_1 - \eta_1 \cdot w \right).$$

Unter der besonderen Voraussetzung, dass $a^2 = b^2 + c^2$ ist, stellt sich heraus, dass der Parameter w der elliptischen Integrale dritter Art gleich dem vierten Teile der reellen Periode ω_1 des Argumentes der hier auftretenden elliptischen Functionen, und dass das Verhältnis $\overline{U_1} : \overline{U_2}$ eine Function der Grösse h allein wird, nämlich:

$$\frac{\overline{U_1}}{\overline{U_2}} = \frac{1}{\pi}\, ln\left(\frac{1}{h}\right) \frac{1}{2\,[(1 + 2h^4 + \cdots)^2 + (2h + 2h^9 + \cdots)^2]} \cdot$$

Die Annahme eines bestimmten Verhältnisses $\overline{U_1} : \overline{U_2}$ gestattet daher eine eindeutige Bestimmung der Grösse h und der Verhältnisse der Halbachsen $a : b : c$ des Ellipsoids.

Für den Fall $\dfrac{\overline{U_1}}{\overline{U_2}} = \frac{1}{3}$ lieferte die Auflösung der vorigen transcendenten Gleichung nach h den Wert

$$h = 0,0707248$$

oder

$$h_1 = \frac{\pi^2}{\ln h} = 0,0240928$$

Trifft man die Festsetzung $c = 3$, so ergeben sich ferner die Grössen:

$$b = 3,988463$$
$$a = 4,990676$$
$$e_1 - e_3 = \tfrac{1}{4} b^4 \qquad = 63,26478$$
$$e_2 - e_3 = \tfrac{1}{4}(b^4 - c^4) = 43,01478$$
$$e_1 - e_2 = \tfrac{1}{4} c^4 \qquad = 20,25.$$
$$\omega_1 = 0,257330$$
$$\frac{\omega_3}{i} = 0,216978$$
$$\overline{U_1} = 4,273021$$
$$\overline{U_2} = 3,204765$$

Die Bestimmung der elliptischen Coordinaten der Krümmungslinien der Schaar $t_1 = $ const, erfordert zunächst die Auflösung der transcendenten Gleichung

$$U_1 = \frac{1}{i}\left(\ln \frac{\mathfrak{S}_2\left(\frac{\omega_1}{2} - u_1 i\right)}{\mathfrak{S}_2\left(\frac{\omega_1}{2} + u_1 i\right)} + 2\, \frac{\mathfrak{S}'\left(\frac{\omega_1}{2}\right)}{\mathfrak{S}\left(\frac{\omega_1}{2}\right)} \cdot u_1 i \right)$$

für $U_1 = \frac{1}{4}\overline{U_1},\ \frac{2}{4}\overline{U_1},\ \frac{3}{4}\overline{U_1}.$ Setzt man

$$\tau_1 = -\frac{\omega_1}{\omega_3}, \qquad \frac{u_1 \pi i}{\omega_3} = 2r_1 . \pi$$

und geht zu den ϑ-Functionen über, so ist

$$U_1 = \frac{u_1}{2}\left(a^2 + \frac{\pi i}{\omega_3}\right) + \frac{1}{i} \ln \frac{\vartheta_3[(\frac{1}{4}\tau_1 + r_1)|\tau_1]}{\vartheta_3[(\frac{1}{4}\tau_1 - r_1)|\tau_1]}$$

die nach r_1 aufzulösende Gleichung.

Man erhält auf diese Weise

$$r_1\pi = \text{arc } 27^\circ 14' \ 3'' \text{ für } U_1 = \tfrac{1}{4}\overline{U_1},$$
$$r_1\pi = \text{arc } 51^\circ 23' 54'' \quad \text{„} \quad U_1 = \tfrac{2}{4}\overline{U_1},$$
$$r_1\pi = \text{arc } 71^\circ 49' 20'' \quad \text{„} \quad U_1 = \tfrac{3}{4}\overline{U_1},$$
$$(r_1\pi = \text{arc } 90^\circ \qquad \text{„} \quad U_1 = \ \overline{U_1}.)$$

Nach dem Uebergange zu den zugehörigen elliptischen Functionen $s_1 = \wp(\omega_2 + u_1 i)$ ergeben sich schliesslich vermittelst der Substitution

$$t_1 = \frac{s_0'}{s_1 - s_0}$$

die folgenden Werte für die Parameter der Krümmungslinien der ersten Schaar:

$$(b^2 = 15{,}908)$$
$$t_1 = 17{,}007$$
$$t_1 = 19{,}982$$
$$t_1 = 23{,}383$$
$$(a_2 = 24{,}908).$$

Analog hat man, um die Parameter der Krümmungslinien der zweiten Schaar $t_2 = $ const. zu finden, die transcendente Gleichung

$$U_2 = ln\frac{\sigma_2\!\left(\frac{\omega_1}{2} - u_2\right)}{\sigma\!\left(\frac{\omega_1}{2} + u_2\right)} + 2\frac{\sigma'\!\left(\frac{\omega_1}{2}\right)}{\sigma\!\left(\frac{\omega_1}{2}\right)}\cdot u_2$$

oder

$$U_2 = (\sqrt{e_1 - e_3} + \sqrt{e_1 - e_2})\,u_2 + ln\frac{\vartheta_3(\frac{1}{4} - r_2\,|\,\tau)}{\vartheta_3(\frac{1}{4} + r_2\,|\,\tau)}$$

für die Werte $U_2 = \tfrac{1}{3}\overline{U_2}$, $\tfrac{2}{3}\overline{U_2}$ nach $r_2 = \dfrac{u_2}{2\omega_1}$ aufzulösen.

Man findet

$$r_2.\pi = \text{arc } 24^\circ \ 3' 45'' \text{ für } U_2 = \tfrac{1}{3}\overline{U_2}$$
$$r_2.\pi = \text{arc } 52^\circ 15' 39'' \quad \text{„} \quad U_2 = \tfrac{2}{3}\overline{U_2}$$
$$(r_2.\pi = \text{arc } 90^\circ \qquad \text{„} \quad U_2 = \ \overline{U_2}).$$

Hieraus ergeben sich endlich vermittelst der Function $s_2 = \wp(\omega_2 + u_2)$ die elliptischen Coordinaten der Krümmungslinien der zweiten Schaar $t_2 = \text{const}$, nämlich:

$$(b^2 = 15,908), \quad t_2 = 14,785, \quad t_2 = 11,572, \quad (c^2 = 9)$$

§. 13.
Numerische Data für die Quadrateinteilung des Ellipsoids.

Auf Grund der gefundenen Parameterwerte gelangt man zu der folgenden sich auf einen Ellipsoidoctanten beziehenden Zahlentabelle:

Krümmungslinie $t_2 = \text{const} = c^2 = 9$

t_1	x	y	z
15,908	4,9908	0	0
17,007	4,6761	1,3937	„
19,982	3,6922	2,6836	„
23,383	2,0542	3,6349	„
24,908	0	3,9885	„

Krümmungslinie $t_2 = \text{const} = 11,572$

15,908	4,5695	0	1,2064
17,007	4,2814	1,1041	1,2988
19,982	3,3805	1,1260	1,5211
23,383	1,8808	2,8797	1,7407
24,908	0	3,1598	1,8307

Krümmungslinie $t_2 = \text{const} = 14,785$

15,908	3,9812	0	1,8091
17,007	3,7302	0,5619	1,9477
19,982	2,9453	1,0820	2,2811
23,383	1,6386	1,4656	2,6105
24,908	0	1,6081	2,7454

Krümmungslinie $t_2 = \text{const} = b^2 = 15,908$

15,908	3,7539	0	1,9769
17,007	3,5172	„	2,1284
19,982	2,7771	„	2,4926
23,383	1,5451	„	2,8526
24,908	0	„	3

Eine Controle für die Richtigkeit dieser Tabelle, deren einzelne Zahlen auf der vierten Stelle abgerundet wurden, gewährt die Bemerkung, dass für jedes von vier Krümmungslinien des Ellipsoids gebildete Viereck die geradlinigen Abstände der gegenüberliegenden Ecken gleich gross sein müssen.

Dieser Satz rührt von dem Zeichenlehrer E n g e l her, welcher ihn bei der Herstellung seiner Modelle der Flächen zweiten Grades entdeckte.

„Man kann ihn aus dem I v o r y'schen Theorem ableiten", sagt J o a c h i m s t h a l im Vorwort zu dem von F. E n g e l herausgegebenen Atlas (Axonometrische Projectionen der wichtigsten geometrischen Flächen. Berlin 1854) „wenn man damit die Bemerkung von C h a s l e s verbindet, dass eine Curve, welche ein System confocaler Flächen rechtwinklig schneidet, dasselbe in correspondierenden Punkten trifft."

Zwei Punkte, von denen der eine (x, y, z) einer Fläche zweiten Grades:

$$\frac{x^2}{a} + \frac{y^2}{b} + \frac{z^2}{c} = 1,$$

der andere (x_1, y_1, z_1) einer mit dieser confocalen Fläche zweiten Grades:

$$\frac{x^2}{a_1} + \frac{y^2}{b_1} + \frac{z^2}{c_1} = 1$$

angehört, werden nämlich in dem Falle als correspondierende bezeichnet, wenn ihre Coordinaten den Bedingungen genügen:

$$\frac{x}{\sqrt{a}} = \frac{x_1}{\sqrt{a_1}}, \quad \frac{y}{\sqrt{b}} = \frac{y_1}{\sqrt{b_1}}, \quad \frac{z}{\sqrt{c}} = \frac{z_1}{\sqrt{c_1}}.$$

Diese Relationen sind offenbar für alle Punkte der confocalen Flächen zweiten Grades erfüllt, zu denen man gelangt, wenn man auf der Durchschnittscurve der beiden anderen, durch den betrachteten Punkt hindurchgehenden confocalen Flächen fortschreitet.

Daraus folgt unmittelbar die Richtigkeit des **Ivory**-schen Theorems, welches lautet:

Die Entfernung zweier auf zwei confocalen Flächen zweiten Grades liegenden Punkte ist der Entfernung der ihnen entsprechenden Punkte gleich.

Betrachtet man nun den von 2. 3 confocalen Flächen zweiten Grades, nämlich 2 Ellipsoiden, 2 einschaligen und 2 zweischaligen Hyperboloiden eingeschlossenen körperlichen Raum, so müssen nach dem vorigen Satze die geradlinigen Diagonalen desselben die gleiche Länge besitzen. Lässt man die Seitenflächen, welche den beiden confocalen Ellipsoiden angehören, immer näher an einander rücken, und geht schliesslich zur Grenze über, so treten an die Stelle jener Diagonalen die Diagonalen des krummlinigen Vierecks auf der Ellipsoidoberfläche.

§. 14.

Endlich sind mit Hilfe der genannten Parameterwerte auch für die dem Ellipsoid zugeordnete Fläche eine passende Reihe von Punkten der betreffenden Krümmungslinien berechnet worden.

Diese Rechnungsergebnisse werden, auf der 4ten Stelle abgerundet, in der nachstehenden Tabelle, welche wie die vorige auf einen Oktanten der Fläche zu beziehen ist, übersichtlich zusammengestellt:

Krümmungslinie $t_2 = $ const $= c^2 = 9$

t_1	x'	y'	z'
$b^2 = 15,908$	0,4079	0	0
16,208	0,3960	0,1039	„
17,007	0,3657	0,1920	„
18,008	0,3299	0,2545	„
18,908	0,2985	0,2947	„
19,982	0,2618	0,3313	„
20,908	0,2299	0,3566	„
21,908	0,1940	0,3795	„
22,908	0,1546	0,3990	„
23,383	0,1335	0,4073	„
23,908	0,1069	0,4158	„
$a^2 = 24,908$	0	0,4306	„

Krümmungslinie $t_2 = 11{,}572$

t_1	x'	y'	z'
$b^2 = 15{,}908$	0,4845	0	0,2029
16,208	0,4673	0,1301	0,2000
16,508	0,4510	0,1802	0,1919
17,007	0,4263	0,2360	0,1840
18,008	0,3780	0,3076	0,1706
19,008	0,3345	0.3551	0,1599
19,982	0,2942	0,3894	0,1512
21,008	0,2532	0,4178	0,1434
22,008	0.2108	0,4403	0,1368
23,383	0,1468	0:4653	0,1291
$a^2 = 24{,}908$	0	0,4877	0,1220

Krümmungslinie $t_2 = 14{,}785$

$b^2 = 15{,}908$	0,7356	0	0,4459
16,208	0,6828	0,2413	0,4152
16,508	0,6394	0,3193	0,3909
17,007	0,5803	0,3946	0,3595
18,008	0,4898	0,4752	0,3155
19,008	0,4189	0,5205	0.2853
19,982	0,3598	0,5501	0,2632
21,008	0,3038	0,5727	0,2449
23,383	0,1708	0,6075	0,2142
24,908	0	0,6228	0,1997

Krümmungslinie $t_2 = b^2 = 15{,}508$

15,908	∞	0,7946	∞
15,93	1,5413	"	1,0203
15,94	1,4636	"	0,9670
15,95	1,4071	"	0,9282
15,97	1,3259	"	0,8730
15,983	1,2861	"	0,8460
16	1,2435	"	0,8171
16,108	1,0806	"	0,7073
16,208	0,9949	"	0,6503
16,508	0,8468	"	0,5541
17,007	0,7143	"	0,4722
18,008	0,5658	"	9,3884
19,008	0,4697	"	0,3408
19,982	0,3963	"	0,3091
21,008	0,3305	"	0,2841
23,383	0,1825	"	0,2443
$a^2 = 24{,}908$	0	"	0,2269

Krümmungslinie $t_1 = \text{const} = 15{,}908$

t_2	x'	y'	z'
9	0,4079	0	0
9,5	0,4198	"	0,0789
10	0,4328	"	0,1146
10,5	0,4473	"	0,1445
11	0,4634	"	0,1721
11,572	0,4844	"	0,2029
13	0,5549	"	0,2858
14	0,6332	"	0,3603
14,785	0,7356	"	0,4459
15,208	0,8296	"	0,5184
15,5	0,9390	"	0,5989
15,6	0,9966	"	0,6403
15,7	1,0676	"	0,6907
15,75	1,1341	"	0,7374
15,8	1,2131	"	0,7924
15,83	1,2837	"	0,8394
15,85	1,3425	"	0,8821
15,87	1,4307	"	0,9430
. . .	. . .	"	. . .
15,908	∞	"	∞

Krümmungslinie $t_1 = 17{,}007$

$c^2 = $ 9	0,3657	0,1920	0
9,908	0,3836	0,2046	0,1003
11,572	0,4263	0,2360	0,1880
12,908	0,4718	0,2753	0,2474
13,908	0,5202	0,3227	0,3013
14,785	0,5805	0,3946	0,3595
$b^2 = $ 15,908	0,7143	0,7946	0,4722

Krümmungslinie $t_1 = 19{,}982$

$c^2 = $ 9	0,2618	0,3313	0
9,908	0,2720	0,3729	0,0847
11,572	0,2942	0,3894	0,1512
12,908	0,3167	0,4359	0,1968
14,785	0,3598	0,5501	0,2632
$b^2 = $ 15,908	0,3963	0,7946	0,3091

Krümmungslinie $t_1 = 23,383$

t_2	x'	y'	z'
$c^2 = 9$	0,1335	0,4073	0
9,908	0,1378	0,4250	0,0735
11,572	0,1468	0,4653	0,1291
12,908	0,1555	0,5089	0,1654
14,785	0,1708	0,6075	0,2142
$b^2 = 15,908$	0,1825	0,7946	0,2443

Krümmungslinie $t_1 = a^2 = 24,908$

	x'	y'	z'
$c^2 = 9$	0	0,4306	0
9,908	„	0,4482	0,0697
10,908	„	0,4706	0,1034
11,572	„	0,4877	0,1220
12,908	„	0,5297	0,1555
13,908	„	0,5717	0,1792
14,785	„	0,6228	0,1997
$b^2 = 15,908$	„	0,7946	0,2269

In Uebereinstimmung mit der früher bewiesenen Behauptung der Existenz von Asymptoten - Ebenen der Fläche lassen die auf die Krümmungslinien $t_2 = b^2$, $t_1 = b^2$ bezüglichen Zahlen erkennen, dass die z'-Coordinaten eines Punkts derselben an Grösse einander immer näher kommen, je weiter man auf der x'-Achse fortschreitet.

Auf Grund der obigen numerischen Angaben wurde ein Gyps-Modell der Fläche mit einer Längeneinheit von 6 cm. ausgeführt, nachdem zunächst die graphisch dargestellten Projectionen der genannten Krümmungslinien auf die Symmetrie-Ebenen der Vorstellung den Weg geebnet hatten.

Inhaltsübersicht.

Lebenslauf.

Ich wurde am 8ten April 1859 zu Goslar geboren. Nachdem ich Ostern 1879 die dortige Realschule erster Ordnung mit dem Zeugnis der Reife verlassen hatte, widmete ich mich zunächst in Halle, darauf in Leipzig, zuletzt in Göttingen dem Studium der Mathematik und der Naturwissenschaften. Am 21ten Juni 1884 bestand ich vor der Königlichen Wissenschaftlichen Prüfungs-Kommission in Göttingen das examen pro fac. doc. und absolvierte darauf von Michaelis 1884 bis dahin 1885 am Realprogymnasium zu Einbeck das paedagogische Probejahr.

www.ingramcontent.com/pod-product-compliance
Lightning Source LLC
Chambersburg PA
CBHW032123080426
42733CB00008B/1028